ARMIDE,

TRAGÉDIE

DONNÉE A VERSAILLES,

POUR LA SECONDE FOIS,

Le 10 *Février* 1746.

DE L'IMPRIMERIE

DE JEAN-BAPTISTE-CHRISTOPHE BALLARD,

Doyen des Imprimeurs du Roi, ſeul pour la Muſique.

M. DCC XLVI.

Par exprès Commandement de Sa Majeſté.

ACTEURS ET ACTRICES,

Chantans dans tous les Chœurs.

DU CÔTÉ DU ROY;		DU CÔTÉ DE LA REINE;	
Les Demoiselles	*Les Sieurs*	*Les Demoiselles*	*Les Sieurs*
Dun,	Lefebvre,	Cartou,	Dun,
Tulou,	Marcelet,	Monville,	Person,
Delorge,	Albert,	Lagrandville,	De Serre,
Varquin,	Le Page-C.,	Masson,	Gratin,
Dallemand-C.,	Laubertie,	Rollet,	St. Martin,
Larcher,	Le Breton,	Desgranges,	Le Mesle,
Delastre,	Lamarre,	Gondré,	Chabou,
Riviere.	Fel,	Verneuil.	Levasseur.
	Bourque,		Belot,
	Houbeau,		Louatron,
	Bornet,		Forestier,
	Cuvillier,		Therasse,
	Gallard,		Dugay,
	Duchêner,		Le Begue,
	Orban,		Cordelet,
	Rochette.		Rhone.

PROLOGUE,

ACTEURS CHANTANS.

LA GLOIRE, La D^lle Coupée.

HEROS, *suivans de la Gloire.*

LA SAGESSE, La D^lle Fel.

NIMPHES, *suivantes de la Sagesse.*

ACTEURS DANSANS.

SUIVANS DE LA GLOIRE.

Le Sr Gherardy ;

Les Srs Caillez, Feuillade, Levoir, P-Dumoulin, Dangeville, De Vice.

SUIVANS DE LA SAGESSE.

Le Sr Matignon, La D^lle Lyonnois ;

La D^lle Le Breton ;

Les D^lles Puvignée, Thiery, Beaufort, Rosalie, Rabon, Petit.

PROLOGUE.

PROLOGUE.

Le Théatre repréſente un Palais.

LA GLOIRE, LA SAGESSE,
Et leur Suite.

LA GLOIRE, La Dlle Coupée.

TOUT doit céder dans l'Univers
A l'auguſte Heros que j'aime.
L'effort des Ennemis, les glaces des Hyvers,
Les Rochers, les Fleuves, les Mers,
Rien n'arrête l'ardeur de ſa valeur extrême.

LA SAGESSE, La Dlle Bourbonnois.

Tout doit céder dans l'Univers
A l'Auguſte Heros que j'aime.
Il ſait l'art de tenir tous les Monſtres aux fers.

Il eſt Maître abſolu de cent Peuples divers,
Et plus Maître encor de lui-même.

LA GLOIRE, ET LA SAGESSE.

Tout doit céder dans l'Univers,
A l'auguſte Heros que j'aime.

LA SAGESSE & ſa Suite.

Chantons la douceur de ſes loix.

LA GLOIRE & ſa Suite.

Chantons ſes glorieux exploits.

LA GLOIRE, ET LA SAGESSE.

D'une égale tendreſſe,
Nous aimons le même vainqueur.

LA SAGESSE.

Fiere Gloire, c'eſt vous. . . .

LA GLOIRE.

C'eſt vous, douce Sageſſe. . .

LA GLOIRE, ET LA SAGESSE.

C'eſt vous qui partagés avec moi ſon grand cœur.

LA SAGESSE.

Qu'un vain deſir de préférence
N'altere point l'intelligence
Que ce Heros entre-nous veut former:
Diſputons ſeulement à qui ſait mieux l'aimer.

LA GLOIRE, ET LA SAGESSE.

Disputons seulement à qui sait mieux l'aimer.

Dès qu'on le voit paraître,
De quel cœur n'est-il point le Maître?
Qu'il est doux de suivre ses pas!
Peut-on le connaître,
Et ne l'aimer pas?

LES CHOEURS.

Dès qu'on le voit paraître, &c.

La Suite de la Gloire & celle de la Sagesse témoignent par des Danses, la joye qu'elles ont de voir ces deux Divinités dans une intelligence parfaite.

LA SAGESSE.

Suivons notre Heros, que rien ne nous sépare:
Il nous invite aux Jeux qu'on nous prépare:
Nous y verons Renaud, malgré la volupté,
Suivre un conseil fidéle & sage;
Nous le verons sortir du Palais enchanté
Où par l'amour d'Armide, il étoit arrêté,
Et voler où la Gloire appelle son courage.
Le Grand Roi qui partage entre-nous ses desirs
Aime à nous voir même dans ses plaisirs.

LA GLOIRE.

Que l'éclat de son Nom s'étende au bout du monde.

Réunissons nos voix.

Que chacun nous réponde.

LA GLOIRE, LA SAGESSE,
ET LES CHOEURS.

Chantons la douceur de ses loix,

Chantons ses glorieux exploits.

La Suite de la Gloire & celle de la Sagesse continuent leur réjouissance.

LES CHOEURS.

Que dans le Temple de memoire,

Son Nom soit pour jamais gravé;

C'est à lui qu'il est reservé

D'unir la Sagesse & la Gloire.

FIN DU PROLOGUE.

TRAGEDIE,

ACTEURS CHANTANS.

ARMIDE, *Magicienne, Niéce d'*HIDRAOT, La D[lle] Chevalier.

PHENICE, } *Confidentes d'*ARMIDE, La D[lle] Lalande.
SIDONIE, } La D[lle] Romainville.

HIDRAOT, *Magicien, Roi de Damas,* Le S[r] De Chassé.

TROUPE de Peuples du Royaume de Damas.

ARONTE, *Conducteur des Chevaliers qu'*ARMIDE *a fait mettre aux fers,* Le S[r] Le Page.

RENAUD, *Le plus renommé des Chevaliers du Camp de Godefroy,* Le Sr Jelyotte.

ARTEMIDORE, *l'un des Chevaliers captifs d'*ARMIDE, *délivrés par* RENAUD, Le Sr Albert.

UNE BERGERE, La D[lle] Bourbonnois.

UN DE'MON, transformé en Nayade.

TROUPE de Démons transformés en Nymphes, en Bergers, et en Bergeres,

TROUPE de Démons volans, transformés en Zéphirs.

LA HAINE, Le S[r] De Chassé.

Suite de LA HAINE. *Les Furies. La Cruauté. La Vengeance. La Rage*, &c.

UBALDE, *Chevalier, qui va chercher* RENAUD, Le Sr Le Page.

LE CHEVALIER DANOIS, *qui va avec Ubalde chercher* RENAUD, Le Sr De la Tour.

Un Démon transformé ſous la figure de LUCINDE, La Dlle Fel.

TROUPE de Démons transformés en Habitans champêtres de l'Iſle où ARMIDE *retient* RENAUD *enchanté.*

Un Démon ſous la figure de MELISSE, *Fille italienne, aimée* d'UBALDE,

UN PLAISIR, Le Sr Poirier.

TROUPE de Démons, ſous la figure d'Amans fortunés, et d'Amantes heureuſes, qui accompagnent RENAUD *dans le Palais enchanté.*

TROUPE de Démons volans, qui détruiſent le Palais enchanté.

ACTEURS DANSANS.

PREMIER ACTE.

TROUPE DE PEUPLES DE DAMAS.

Le Sr Pitro ;

Les Srs Caillez, Feuillade, F-Dumoulin, Levoir, Monservin Gherardy ;

Les D[lles] Rabon, Rosalie, Thiery, Beaufort, Puvignée, Petit.

SECOND ACTE.

BERGERS ET BERGERES.

La D[lle] Sallé ;

Les D[lles] St Germain, Courcelle, Beaufort, Thiery, Lyonnois, Erny ;

Les Srs Matignon, Levoir, Dumay, Dupré, Malter-C., Dangeville.

TROISIE'ME ACTE.

SUITE DE LA HAINE.

DE'MONS.

Le Sr Pitro ;

Les Srs Malter-C., Matignon, De Vice, Feuillade, Monservin, Levoir, Dumay, Dupré.

QUATRIE'ME ACTE.

TROUPE D'HABITANS CHAMPÊTRES.

DE'MONS TRANSFORME'S.

La D^lle^ Camargo ;

Les Srs Dumay, Dupré, Hamoche, Levoir, P-Dumoulin, F-Dumoulin ;

Les D^lles^ St Germain, Courcelle, Beaufort, Thiery, Puvignée, Petit.

PASTRE.

Le Sr Gherardy.

CINQUIE'ME ACTE.

TROUPE D'AMANS FORTUNE'S.

Le Sr Dupré ;

Les Srs Gherardy, De Vice, Feuillade, Malter-C., Dupré, Caillez, Levoir, Hamoche ;

Les D^lles^ Carville, Rabon, Rosalie, Erny, Beaufort, Lyonnois, St Germain, Courcelle.

ARMIDE,

TRAGEDIE.

ACTE PREMIER.

Le théâtre repréſente une grande Place, ornée d'un Arc de Triomphe.

SCENE PREMIERE.

ARMIDE, PHENICE, SIDONIE.

PHENICE.

DANS un jour de triomphe, au milieu des plaiſirs,
Qui peut vous inſpirer une ſombre triſteſſe?
La Gloire, la Grandeur, la Beauté, la Jeuneſſe,
Tous les biens comblent vos deſirs.

SIDONIE.

Vous allumés une fatale flamme
Que vous ne ressentés jamais ;
L'Amour n'ose troubler la paix
Qui regne dans votre ame.

PHENICE ET SIDONIE.

Quel sort a plus d'appas,
Et qui peut être heureux, si vous ne l'êtes pas.

PHENICE.

Si la Guerre aujourd'hui fait craindre ses ravages,
C'est aux bords du Jourdain qu'ils doivent s'arrêter :
Nos tranquilles rivages
N'ont rien à redouter.

SIDONIE.

Les Enfers, s'il le faut, prendront pour nous les armes,
Et vous savés leur imposer la loi.

PHENICE.

Vos yeux n'ont eu besoin que de leurs propres charmes,
Pour affaiblir le Camp de Godefroy.

SIDONIE.

Ses plus vaillans Guerriers contre vous sans deffense,
Sont tombés en votre puissance.

ARMIDE.

Je ne triomphe pas du plus vaillant de tous.
Renaud, pour qui ma haine a tant de violence,
L'indomptable Renaud échape à mon couroux.
Tout le Camp ennemi pour moi devint sensible,
Et lui seul, toujours invincible,
Fit gloire de me voir d'un œil indifferent.

Il est dans l'âge aimable, où sans effort on aime....
Non, je ne puis manquer sans un dépit extrême,
La conquête d'un cœur si superbe & si grand.

SIDONIE.

Qu'importe qu'un Captif manque à votre victoire,
On en voit dans vos fers assez d'autres témoins;
Et pour un esclave de moins,
Un triomphe si beau perdra peu de sa gloire.

PHENICE.

Pourquoi voulez-vous songer
A ce qui peut vous déplaire?
Il est plus sûr de se venger
Par l'oubli que par la colere.

ARMIDE.

Les Enfers ont prédit cent fois,
Que contre ce Guerrier nos armes seront vaines,
Et qu'il vaincra nos plus grands Rois:
Ah! Qu'il me seroit doux de l'accabler de chaînes,
Et d'arrêter le cours de ses exploits!

Que je le hais! Que ſon mépris m'outrage!
Qu'il ſera fier d'éviter l'eſclavage
Où je tiens tant d'autres Heros!
Inceſſamment ſon importune image,
Malgré-moi, trouble mon repos.

Un ſonge affreux m'inſpire une fureur nouvelle
Contre ce funeſte Ennemi:
J'ai crû le voir, j'en ai frémi,
J'ai crû qu'il me frapoit d'une atteinte mortelle.
Je ſuis tombée aux pieds de ce cruel Vainqueur:
Rien ne fléchiſſoit ſa rigueur;
Et par un charme inconcevable,
Je me ſentois contrainte à le trouver aimable,
Dans le fatal moment qu'il me perçoit le cœur.

SIDONIE.

Vous troublés-vous d'une image légere,
Que le ſomeil produit?
Le beau jour qui vous luit
Doit diſſiper cette vaine chimere,
Ainſi qu'il a détruit
Les ombres de la nuit.

SCENE II.

HIDRAOT, ARMIDE, PHENICE, SIDONIE, SUITE d'HIDRAOT.

HIDRAOT.

ARmide, que le sang qui m'unit avec vous
Me rend sensible aux soins que l'on prend pour vous plaire!
Que votre triomphe m'est doux!
Que j'aime à voir briller le beau jour qui l'éclaire!
Je n'aurois plus de vœux à faire,
Si vous choisissiés un époux.
Je voi de près la mort qui me menace,
Et bientot l'âge qui me glace
Va m'accabler sous son pesant fardeau:
C'est le dernier bien où j'aspire
Que de voir votre hymen promettre à cet Empire
Des Rois formés d'un sang si beau;
Sans me plaindre du sort, je cesserai de vivre.
Si ce doux espoir peut me suivre
Dans l'affreuse nuit du tombeau.

ARMIDE.

La chaîne de l'hymen m'étonne,
Je crains les plus aimables nœuds.
Ah! Qu'un cœur devient malheureux,
Quand la liberté l'abandonne!

HIDRAOT.

Pour vous, quand il vous plaît, tout l'enfer eſt armé :
Vous êtes plus ſavante en mon art, que moi-même :
De grands Rois à vos pieds mettent leur diadême ;
Qui vous voit un moment, eſt pour jamais charmé.
Pouvés-vous mieux gouter votre bonheur extrême,
Qu'avec un époux qui vous aime,
Et qui ſoit digne d'être aimé ?

ARMIDE.

Contre mes Ennemis, à mon gré je déchaîne
Le noir Empire des enfers,
L'Amour met des Rois dans mes fers,
Je ſuis de mille amans maîtreſſe ſouveraine ;
Mais je fais mon plus grand bonheur
D'être maîtreſſe de mon cœur.

HIDRAOT.

Bornez-vous vos deſirs à la gloire cruelle
Des maux que fait votre beauté
Ne ferés-vous jamais votre felicité
Du bonheur d'un amant fidéle ?

ARMIDE.

Si je dois m'engager un jour,
Au moins vous devés croire
Qu'il faudra que ce ſoit la Gloire
Qui livre mon cœur à l'Amour.

Pour devenir mon maître,
Ce n'eſt point aſſés d'être Roi :
Ce ſera la valeur qui me fera connaître
Celui qui mérite ma foi :
Le Vainqueur de Renaud, ſi quelqu'un le peut être,
Sera digne de moi.

SCENE III.

Troupe de Peuples du royaume de Damas.

HIDRAOT, ARMIDE, PHENICE, SIDONIE.

Les Peuples du royaume de Damas, témoignent par des Danſes & par des Chants, la joye qu'ils ont de l'avantage que la beauté de cette Princeſſe a remporté ſur les Chevaliers du Camp de Godefroy.

HIDRAOT.

ARmide eſt encor plus aimable
Qu'elle n'eſt redoutable :

Que son triomphe est glorieux !
Ses charmes les plus forts sont ceux de ses beaux yeux.
Elle n'a pas besoin d'emprunter l'art terrible
Qui sait, quand il lui plaît, faire armer les Enfers,
Sa beauté trouve tout possible,
Nos plus fiers Ennemis gémissent dans ses fers.

HIDRAOT, ET LE CHOEUR.

Armide est encor plus aimable
Qu'elle n'est redoutable :
Que son triomphe est glorieux !
Ses charmes les plus forts sont ceux de ses beaux yeux.

PHENICE, ET LE CHOEUR.

Suivons Armide, et chantons sa victoire,
Tout l'Univers retentit de sa gloire.

PHENICE.

Nos Ennemis affoiblis & troublés
N'étendront plus le progrès de leurs armes ;
Ah, quel bonheur ! Nos desirs sont comblés,
Sans nous coûter ni de sang ni de larmes.

LE CHOEUR.

Suivons Armide, et chantons sa victoire,
Tout l'Univers retentit de sa gloire.

PHENICE,

PHENICE.

L'ardent Amour qui la ſuit en tous lieux ;
S'attache aux cœurs qu'elle veut qu'il enflamme ;
Il eſt content de regner dans ſes yeux ,
Et n'oſe encor paſſer juſqu'à ſon ame.

LE CHOEUR.

Suivons Armide , et chantons ſa victoire ,
Tout l'Univers retentit de ſa gloire.

SIDONIE, ET LE CHOEUR.

Que la douceur d'un triomphe eſt extrême ,
Quand on n'en doit tout l'honneur qu'à ſoi-même !

SIDONIE.

Nous n'avons point fait armer nos Soldats ,
Sans leur ſecours , Armide eſt triomphante ;
Tout ſon pouvoir eſt dans ſes doux appas ,
Rien n'eſt ſi fort que ſa beauté charmante.

LE CHOEUR.

Que la douceur d'un triomphe eſt extrême ,
Quand on n'en doit tout l'honneur qu'à ſoi-même !

SIDONIE.

La belle Armide a ſû vaincre aiſément
De fiers Guerriers , plus craints que le tonnerre ;
Et ſes regards ont en moins d'un moment ,
Donné des loix aux Vainqueurs de la terre.

LE CHOEUR.

Que la douceur d'un triomphe est extrême,
Quand on n'en doit tout l'honneur qu'à soi-même!

Le triomphe d'ARMIDE est interrompu par l'arrivée d'ARONTE, qui avoit été chargé de la conduite des Chevaliers captifs, et qui revient blessé, tenant à la main un tronçon d'épée.

SCENE IV.

ARONTE, HIDRAOT, ARMIDE, PHENICE, SIDONIE:

Troupes de Peuples de Damas,

ARONTE.

O Ciel ! O disgrace cruelle !
Je conduisois vos captifs avec soin ,
J'ai tout tenté pour vous marquer mon zele ,
Mon sang qui coule en est témoin.

ARMIDE.

Mais , où sont mes Captifs ?

ARONTE.

Un Guerrier indomtable
Les a délivrés tous.

ARMIDE, ET HIDRAOT.

Un seul Guerrier ! Que dites-vous !
Ciel !

ARONTE.

De nos ennemis c'est le plus redoutable.
Nos plus vaillans Soldats sont tombés sous ses coups :
Rien ne peut résister à sa valeur extrême ....

ARMIDE.

O Ciel ! C'est Renaud.

ARONTE.

C'est lui-même.

ARMIDE, ET HIDRAOT.

Pourſuivons juſqu'au trépas
L'Ennemi qui nous offenſe :
Qu'il n'échape pas
A notre vengeance.

LE CHOEUR.

Pourſuivons juſqu'au trépas
L'Ennemi qui nous offenſe :
Qu'il n'échape pas
A notre vengeance.

FIN DU PREMIER ACTE.

ACTE SECOND.

Le Théatre change, et repréſente une Campagne, où une Riviere forme une Iſle agréable.

SCENE PREMIERE.

ARTEMIDORE, RENAUD.

ARTEMIDORE.

INVINCIBLE Heros, c'eſt par votre courage
Que j'échape aux rigueurs d'un funeſte eſclavage:
Après ce généreux ſecours,
Puis-je me diſpenſer de vous ſuivre toujours?

RENAUD.

Allez, allez, remplir ma place
Aux lieux où mon malheur me chasse.
Le fier Gernand m'a contraint à punir
Sa téméraire audace :
D'une indigne prison Godefroy me menace,
Et de son Camp m'oblige à me bannir.
Je m'en éloigne avec contrainte,
Heureux ! Si j'avois pû consacrer mes exploits
A délivrer la Cité sainte
Qui gémit sous de dures loix.
Suivez les Guerriers qu'un beau zele
Presse de signaler leur valeur & leur foi :
Cherchez une gloire immortelle,
Je veux dans mon exil n'enveloper que moi.

ARTEMIDORE.

Sans vous, que peut-on entreprendre ?
Celui qui vous banit ne pourra se défendre
De souhaiter votre retour.
S'il faut que je vous quitte, au moins ne puis-je apprendre
En quels lieux vous allés choisir votre séjour ?

RENAUD.

Le repos me fait violence,
La ſeule gloire a pour moi des appas:
Je prétens adreſſer mes pas
Où la Juſtice & l'Innocence
Auront beſoin du ſecours de mon bras.

ARTEMIDORE.

Fuyez les lieux où regne Armide,
Si vous cherchez à vivre heureux;
Pour le cœur le plus intrépide
Elle a des charmes dangereux.

C'eſt une Ennemie implacable,
Evitez ſes reſſentimens;
Puiſſe le Ciel, à mes vœux favorable,
Vous garantir de ſes enchantemens!

RENAUD.

Par une heureuſe indifférence
Mon cœur s'eſt dérobé ſans peine à ſa puiſſance,
Je la vis ſeulement d'un regard curieux.
Eſt-il plus malaiſé d'éviter ſa vengeance
Que d'échaper au pouvoir de ſes yeux?

J'aime la liberté, rien n'a pû me contraindre
A m'engager juſqu'à ce jour:
Quand on peut mépriſer le charme de l'amour,
Quels enchantemens peut-on craindre?

SCENE II.

HIDRAOT, ARMIDE.

HIDRAOT.

ARrêtons-nous ici, c'est dans ce lieu fatal
Que la fureur qui nous anime,
Ordonne à l'Empire infernal
De conduire notre Victime.

ARMIDE.

Que l'Enfer aujourd'hui tarde à suivre nos loix!

HIDRAOT.

Pour achever le charme, il faut unir nos voix.

HIDRAOT, ET ARMIDE.

Esprits de haine & de rage,
Démons, obéïssés-nous.

Livrez à notre couroux,
L'Ennemi qui nous outrage.

Esprits de haine & de rage,
Démons, obéïssez-nous.

ARMIDE.

ARMIDE.

Démons affreux, cachez-vous
Sous une agréable image:
Enchantez ce fier courage
Par les charmes les plus doux.

HIDRAOT, ET ARMIDE.

Esprits de haine & de rage
Démons, obéissez-nous.

ARMIDE, aperçoit RENAUD, qui s'aproche des bords de la riviere.

ARMIDE.

Dans le piege fatal notre Ennemi s'engage.

HIDRAOT.

Nos Soldats sont cachés dans le prochain bocage,
Il faut que sur Renaud ils viennent fondre tous.

ARMIDE.

Cette Victime est mon partage;
Laissez-moi l'immoler, laissez-moi l'avantage
De voir ce cœur superbe expirer de mes coups.

HIDRAOT & ARMIDE se retirent.

RENAUD s'arrête pour considerer les bords du fleuve, et quitte une partie de ses armes, pour prendre le frais.

SCENE III.

RENAUD.

Plus j'observe ces lieux & plus je les admire,
Ce fleuve coule lentement,
Et s'éloigne à regret d'un séjour si charmant.

Les plus aimables fleurs, et le plus doux Zephir
Parfument l'air qu'on y respire.
Non, je ne puis quitter des rivages si beaux:
Un son harmonieux se mêle au bruit des eaux.

Les oiseaux enchantés se taisent pour l'entendre.
Des charmes du someil j'ai peine à me deffendre.

Ce gazon, cet ombrage frais,
Tout m'invite au repos sous ce feuillage épais.

RENAUD, s'endort sur un gazon, au bord de la riviere.

SCENE IV.

RENAUD endormi, Une Nayade qui ſort du fleuve. Troupes de Nimphes, de Bergers, et de Bergeres.

LA NAYADE.

Au temps heureux où l'on ſait plaire,
Qu'il eſt doux d'aimer tendrement!

Pourquoi dans les périls avec empreſſement,
Chercher d'un vain honneur l'éclat imaginaire?
Pour une trompeuſe chimere
Faut-il quitter un bien charmant?

Au temps heureux où l'on ſait plaire,
Qu'il eſt doux d'aimer tendrement!

LE CHOEUR.

Ah! Quelle erreur! Quelle folie
De ne pas jouir de la vie!
C'eſt aux Jeux, c'eſt aux Amours,
Qu'il faut donner les beaux jours.

Les Démons ſous la figure des Nimphes, des Bergers & des Bergeres, enchantent RENAUD, et l'enchaînent durant ſon ſomeil avec des guirlandes de fleurs.

UNE BERGERE.

On s'étonneroit moins que la ſaiſon nouvelle
Revint ſans amener les fleurs & les zephirs,
Que de voir de nos ans la ſaiſon la plus belle
Sans l'Amour & ſans les plaiſirs.

Laiſſons au tendre Amour la jeuneſſe en partage;
La ſageſſe a ſon temps, il ne vient que trop tôt:
Ce n'eſt pas être ſage,
D'être plus ſage qu'il ne faut.

LES CHOEURS.

Ah, quelle erreur! Quelle folie
De ne pas jouir de la vie!
C'eſt aux Jeux, c'eſt aux Amours
Qu'il faut donner les beaux jours.

SCENE V.

ARMIDE, RENAUD endormi.

ARMIDE, un dard à la main.

ENfin, il eſt en ma puiſſance,
Ce fatal Ennemi, ce ſuperbe Vainqueur:
Le charme du ſomeil le livre à ma vengeance:
Je vais percer ſon invincible cœur.

Par lui, tous mes Captifs ſont ſortis d'eſclavage.
Qu'il éprouve toute ma rage...

ARMIDE, va pour fraper RENAUD, Elle ne peut executer le deſſein qu'elle a de lui ôter la vie.

Quel trouble me ſaiſit! Qui me fait heſiter!
Qu'eſt-ce qu'en ſa faveur la pitié me veut dire?
Frapons... Ciel! Qui peut m'arrêter!
Achevons... Je frémis! Vangeons-nous... Je ſoupire!
Eſt-ce ainſi que je dois me vanger aujourd'hui!
Ma colere s'éteint quand j'aproche de lui.
Plus je le vois, plus ma fureur eſt vaine.
Mon bras tremblant ſe refuſe à ma haine.

Ah! Quelle cruauté de lui ravir le jour!
A ce jeune Heros tout céde ſur la terre.
Qui croiroit qu'il fut né ſeulement pour la guerre?
Il ſemble être fait pour l'Amour.
Ne puis-je me venger à moins qu'il ne périſſe?
Hé, ne ſuffit-il pas que l'Amour le puniſſe?
Puiſqu'il n'a pu trouver mes yeux aſſez charmans,
Qu'il m'aime au moins par mes enchantemens;
Que s'il ſe peut, je le haiſſe.

Venez, ſecondez mes deſirs,
Démons transformez-vous en d'aimables Zephirs.
Je céde à ce Vainqueur, la pitié me ſurmonte;
Cachez ma faibleſſe & ma honte
Dans les plus reculez Deſerts.
Volez, conduiſez-nous au bout de l'univers.

Les Démons transformés en Zephirs, enlevent RENAUD, ET ARMIDE.

FIN DU SECOND ACTE.

ACTE TROISIÉME.

Le théâtre change, et repréſente un Deſert.

SCENE PREMIERE.

ARMIDE.

AH! Si la liberté me doit être ravie,
Eſt-ce à toi d'être mon vainqueur?
Trop funeſte Ennemi du bonheur de ma vie,
Faut-il que malgré moi, tu régnes dans mon cœur!
Le deſir de ta mort fut ma plus chere envie,
Comment as-tu changé ma colere en langueur?
Envain, de mille amans je me voyois ſuivie,
Aucun n'a fléchi ma rigueur.
Se peut-il que Renaud tienne Armide aſſervie!

Ah! Si la liberté me doit être ravie,
Eſt-ce à toi d'être mon vainqueur?
Trop funeſte Ennemi du bonheur de ma vie,
Faut-t'il que malgré-moi tu regnes dans mon cœur!

SCENE II.

ARMIDE, PHENICE, SIDONIE.

PHENICE.

QUE ne peut point votre Art ? La force en est extrême.
Quel prodige ! Quel changement !
Renaud qui fût si fier, vous aime ;
On n'a jamais aimé si tendrement.

SIDONIE.

Montrez-vous à ses yeux, soyez témoin vous-même
Du merveilleux effet de vôtre enchantement.

ARMIDE.

L'Enfer n'a pas encor rempli mon esperance,
Il faut qu'un nouveau charme assûre ma vengeance.

SIDONIE.

Sur des bords séparés du séjour des humains,
Qui peut arracher de vos mains
Un Ennemy qui vous adore ?
Vous enchantés Renaud, que craignez-vous encore ?

Helas !

ARMIDE.

Hélas! C'est mon cœur que je crains.

Votre amitié dans mon sort s'interesse:
Je vous ai fait conduire avec moi dans ces lieux.
Au reste des Mortels je cache ma faiblesse,
Je n'en veux rougir qu'à vos yeux.

De mes plus doux regards Renaud sût se défendre,
Je ne pus engager ce cœur fier à se rendre,
Il m'échapa malgré mes soins.
Sous le nom de Dépit, l'Amour vint me surprendre,
Lorsque je m'en gardois le moins.

Plus Renaud m'aimera, moins je serai tranquile;
J'ai résolu de le haïr,
Je n'ai tenté jamais rien de si difficile:
Je crains que pour forcer mon cœur à m'obeir,
Tout mon Art ne soit inutile.

PHENICE.

Que votre Art seroit beau! Qu'il seroit admiré,
S'il savoit garentir des troubles de la vie!
Heureux qui peut être assûré
De disposer de son cœur à son gré:
C'est un secret digne d'envie;
Mais, de tous les secrets, c'est le plus ignoré.

SIDONIE.

La Haine est affreuse & barbare ;
L'Amour contraint les cœurs dont il s'empare
A souffrir des maux rigoureux :
Si votre sort est en votre puissance,
Faites choix de l'Indifférence ,
Elle assûre un repos heureux.

ARMIDE.

Non , non , il ne m'est plus possible
De passer de mon trouble en un état paisible ,
Mon cœur ne se peut plus calmer.
Renaud m'offense trop , il n'est que trop aimable ,
C'est pour moi désormais un choix indispensable
De le haïr , ou de l'aimer.

PHENICE.

Vous n'avez pû haïr ce Héros invincible ,
Lorsqu'il étoit le plus terrible
De tous vos ennemis :
Il vous aime , l'Amour l'enchaîne ;
Garderiez-vous mieux votre haine
Contre un amant si tendre & si soumis ?

ARMIDE.

Il m'aime ? Quel amour ! Ma honte s'en augmente.
Dois-je être aimée ainsi ? Puis-je en être contente ?
C'est un vain triomphe , un faux bien.
Hélas ! Que son amour est différent du mien !

J'ai recours aux enfers pour allumer sa flamme,
C'est l'effort de mon Art qui peut tout sur son ame;
Ma faible beauté n'y peut rien.
Par son propre mérite il suspend ma vengeance;
Sans secours, sans effort, même sans qu'il y pense,
Il enchaîne mon cœur d'un trop charmant lien.
Hélas! Que mon amour est différent du sien!
Quelle vengeance ai-je à prétendre,
Si je le veux aimer toujours?
Quoi, céder sans rien entreprendre?
Non, il faut appeller la Haine à mon secours.
L'horreur de ces lieux solitaires,
Par mon art, va se redoubler.
Détournez vos regards de mes affreux misteres,
Et sur tout, empêchez Renaud de me troubler.

SCENE III.

ARMIDE.

VEnez, venez, Haine implacable,
Sortez du Goufre épouvantable,
Où vous faites regner une éternelle horreur:
Sauvez-moi de l'amour, rien n'est si redoutable;
Contre un ennemi trop aimable,
Rendez-moi mon courroux, rallumez ma fureur.
Venez, venez, Haine implacable,
Sortez du Goufre épouvantable,
Où vous faites regner une éternelle horreur.

LA HAINE sort des Enfers,
Elle est accompagnée des Furies, de la Cruauté, de la Vengeance, de la Rage, et des Passions qui dépendent de la Haine.

SCENE IV.

ARMIDE, LA HAINE & sa Suite.

LA HAINE.

Je répons à tes vœux, ta voix s'est fait entendre
Jusques dans le fond des Enfers.
Pour toi contre l'Amour, je vais tout entreprendre;
Et quand on veut bien s'en défendre,
On peut se garantir de ses indignes fers.

LA HAINE & sa Suite.

Plus on connoît l'Amour, et plus on le déteste,
Détruisons son pouvoir funeste:
Rompons ses nœuds, déchirons son bandeau,
Brûlons ses traits, éteignons son flambeau.

CHOEUR.

Plus on connoît l'Amour, et plus on le déteste,
Détruisons son pouvoir funeste,

Rompons ſes nœuds, déchirons ſon bandeau,
Brûlons ſes traits, éteignons ſon flambeau.

La ſuite de la Haine s'empreſſe à briſer & à brûler les armes dont l'Amour ſe ſert.

LA HAINE & ſa ſuite.

Amour, ſors pour jamais, ſors d'un cœur qui te chaſſe,
Que la Haine regne en ta place;
Tu fais trop ſouffrir ſous ta loi,
Non, tout l'Enfer n'a rien de ſi cruel que toi.

La Suite de la HAINE témoigne qu'elle ſe prépare avec plaiſir, à triompher de l'Amour.

LA HAINE, approchant d'ARMIDE.

Sors, ſors du ſein d'Armide, Amour briſe ta chaîne.

ARMIDE.

Arrête, arrête affreuſe Haine:
Laiſſe-moi ſous les loix d'un ſi charmant Vainqueur,
Laiſſe-moi, je renonce à ton ſecours horrible:
Non, non, n'acheve pas, non, il n'eſt pas poſſible
De m'ôter mon amour, ſans m'arracher le cœur.

LA HAINE.

N'implore-tu mon aſſiſtance
Que pour mépriſer ma puiſſance?
Sui l'Amour, puiſque tu le veux,
Infortunée Armide,
Sui l'Amour qui te guide
Dans un abîme affreux.
Sur ces Bords écartés, c'eſt en vain que tu caches
Le Heros dont ton cœur s'eſt trop laiſſé toucher:
La Gloire à qui tu l'arraches,
Doit bien-tôt te l'arracher:
Malgré tes ſoins, au mépris de tes larmes,
Tu le verras échaper à tes charmes.
Tu me rappelleras, peut-être, dès ce jour,
Et ton attente ſera vaine:
Je vais te quitter ſans retour;
Je ne puis te punir d'une plus rude peine,
Que de t'abandonner pour jamais à l'Amour.

LA HAINE & ſa Suite s'abîment.

FIN DU TROISIE'ME ACTE.

ACTE QUATRIÉME.

SCENE PREMIERE.

UBALDE, ET LE CHEVALIER DANOIS.

UBALDE, porte un Bouclier de diamant & tient un Sceptre d'or, qui lui ont été donnés par un Magicien, pour dissiper les enchantemens d'ARMIDE, et pour délivrer RENAUD.

LE CHEVALIER DANOIS porte une Epée qu'il doit présenter à RENAUD.

Une vapeur s'éleve & se répand dans le Desert qui a paru au troisiéme Acte. Des Antres & des Abîmes s'ouvrent, il en sort des bêtes farouches & des Monstres épouvantables.

UBALDE, ET LE CHEVALIER DANOIS.

NOUS ne trouvons par tout que des gouffres ouverts.
Armide a dans ces lieux, transporté les Enfers.
Ah ! Que d'Objets horribles !
Que de Monstres terribles !

LE CHEVALIER DANOIS attaque les Monstres : UBALDE le retient, et lui montre le Septre d'or qu'il porte, et qui leur a été donné pour dissiper les enchantemens.

UBALDE.

Celui qui nous envoye a prévû ce danger,
Et nous a montré l'Art de nous en dégager
Ne craignons point Armide ni ses charmes ;
Par ce secours plus puissant que nos armes,
Nous en serons aisément garentis.

Laissez-nous un libre passage,
Monstres, allez cacher vôtre inutile rage
Dans l'abîme profond d'où vous êtes sortis.

Les Monstres s'abîment, la vapeur se dissipe, le Desert disparaît, et se change en une Campagne agréable, bordée d'arbres chargés de fruits, et arrosée de ruisseaux.

LE CHEVALIER DANOIS.

Allons chercher Renaud, le Ciel nous favorise
Dans notre pénible entreprise.

Ce qui peut flatter nos desirs,
Doit à son tour tenter de nous surprendre :
C'est désormais du charme des Plaisirs
Que nous aurons à nous défendre.

UBALDE,

UBALDE, ET LE CHEVALIER DANOIS.

Redoublons nos ſoins, gardons-nous
Des périls agréables ;
Les enchantemens les plus doux
Sont les plus redoutables.

UBALDE.

On voit d'ici le ſéjour enchanté
D'Armide & du Heros qu'elle aime !
Dans ce palais, Renaud eſt arrêté
Par un charme fatal, dont la force eſt extrême.
C'eſt-là, que ce Vainqueur ſi fier, ſi redouté,
Oubliant tout juſqu'à lui-même,
Eſt réduit à languir avec indignité
Dans une molle oiſiveté.

LE CHEVALIER DANOIS.

Envain, tout l'Enfer s'intereſſe
Dans l'amour qui ſéduit un cœur ſi glorieux :
Si, ſur ce bouclier, Renaud tourne les yeux,
Il rougira de ſa faibleſſe,
Et nous l'engagerons à partir de ces lieux.

SCENE II.

UBALDE, LE CHEVALIER DANOIS.

Un Démon ſous la figure de LUCINDE, Fille Danoiſe, aimée du Chevalier Danois. Troupe de Démons transformés en Habitans champêtres de l'Iſle qu'ARMIDE a choiſie pour y retenir RENAUD enchanté.

LUCINDE.

Voici la charmante retraite
De la felicité parfaite ;
Voici l'heureux ſéjour
Des Jeux & de l'Amour.

LE CHOEUR.

Voici la charmante retraite
De la félicité parfaite ;
Voici l'heureux ſéjour
Des Jeux & de l'Amour.

LUCINDE.

Il faut que tout aime,
Rien n'eſt ſi doux ;
Le Dieu d'amour même
Aima comme nous.

Les cœurs les plus ſages,
Et les plus ſauvages,
S'enflament à leur tour,
Quand il plaît à l'Amour.

Il faut que tout aime
Rien n'eſt ſi doux,
Le Dieu d'Amour même
Aima comme nous.

Les Habitans Champêtres danſent.

LUCINDE.

Les Oyſeaux de ces bocages,
N'y reſpirent que l'amour;
Et ſous ces charmans ombrages,
On les entend nuit & jour
Nous dire par leur ramage:
Que c'eſt un doux eſclavage,
Quand on eſt ſûr du retour.

UBALDE, AU CHEVALIER DANOIS.

Allons, qui vous retient encore?

Allons, c'eſt trop nous arrêter.

LE CHEVALIER DANOIS.

Je vois la Beauté que j'adore,
C'eſt-elle, je n'en puis douter.

LUCINDE, ET LE CHOEUR.

Jamais dans ces beaux lieux nôtre attente n'eſt vaine,
Le bien que nous cherchons ſe vient offrir à nous ;
Et pour l'avoir trouvé ſans peine,
Nous ne l'en trouvons pas moins doux.

LUCINDE, AU CHEVALIER DANOIS.

Enfin, je vois l'Amant pour qui mon cœur ſoupire:
Je retrouve le bien que j'ai tant ſouhaité.

LE CHEVALIER DANOIS.

Puis-je voir ici la Beauté
Qui m'a ſoumis à ſon empire?

UBALDE.

Non, ce n'eſt qu'un charme trompeur
Dont il faut garder votre cœur.

LE CHEVALIER DANOIS.

Si loin des bords glacés, où vous prîtes naissance,
Qui peut vous offrir à mes yeux?

LUCINDE.

Par une magique puissance,
Armide m'a conduit en ces aimables lieux!
Et je vivois dans la douce esperance
D'y voir bientôt ce que j'aime le mieux.

Goûtons les doux plaisirs que pour nos cœurs fidéles
Dans cet heureux séjour, l'Amour a préparés.
Le devoir par des loix cruelles
Ne nous a que trop séparés.

UBALDE.

Fuyez, faites-vous violence.

LE CHEVALIER DANOIS.

L'Amour ne me le permet pas,
Contre de si charmans appas
Mon cœur est sans défense.

UBALDE.

Est-ce-là cette fermeté
Dont vous vous êtes tant vanté?

LE CHEVALIER DANOIS, ET LUCINDE.

ENSEMBLE.

Jouissons d'un bonheur extrême.
Hé! Quel autre bien peut valoir
Le plaisir de voir ce qu'on aime?
Hé! Quel autre bien peut valoir
Le plaisir de vous voir?

UBALDE.

Malgré la puissance infernale,
Malgré vous-même, il faut vous détromper.
Ce Septre d'or peut dissiper
Une erreur si fatale.

UBALDE touche LUCINDE avec le Sceptre d'or qu'il tient, et LUCINDE disparaît aussi-tôt.

SCENE III.

LE CHEVALIER DANOIS, UBALDE.

LE CHEVALIER DANOIS.

JE tourne en vain mes yeux de toutes parts,
Je ne vois plus cette Beauté si chere:
Elle échape à mes regards
Comme une vapeur légére.

UBALDE.

Ce que l'amour a de charmant,
N'est qu'une illusion qui ne laisse après elle
Qu'une honte éternelle.

Ce que l'amour a de charmant,
N'est qu'un funeste enchantement.

Des charmes les plus forts la raison me dégage,
Rien ne nous doit ici retenir davantage;

FIN DU QUATRIE'ME ACTE.

ACTE V.

ACTE CINQUIÈME.

Le théâtre change, et représente Le Palais enchanté d'ARMIDE.

SCENE PREMIERE.

RENAUD, ET ARMIDE.

RENAUD,

Sans armes, paré de guirlandes de fleurs.

ARMIDE, vous m'allez quitter !

ARMIDE.

J'ai besoin des Enfers, je vais les consulter ;
Mon Art veut de la solitude.
L'amour que j'ai pour vous cause l'inquiétude,
Dont mon cœur se sent agiter.

RENAUD.

Armide, vous m'allés quitter.

ARMIDE.

Voyez en quels lieux je vous laisse;

RENAUD.

Puis-je rien voir que vos appas ?

ARMIDE.

Les plaisirs vous suivront sans cesse.

RENAUD.

En est-il où vous n'êtes pas ?

ARMIDE,

Un noir pressentiment me trouble & me tourmente,
Il m'annonce un malheur que je veux prévenir ;
Et plus notre bonheur m'enchante,
Plus je crains de le voir finir.

RENAUD.

D'une vaine terreur pouvez-vous être atteinte,
Vous qui faites trembler le ténébreux séjour.

ARMIDE.

Vous m'apprenez à connoître l'Amour,
L'amour m'apprend à connoître la crainte.
Vous brûliés pour la Gloire avant que de m'aimer,
Vous la cherchiés partout d'une ardeur sans égale:
La Gloire est une Rivale
Qui doit toujours m'allarmer.

RENAUD.

Que j'étois insensé de croire
Qu'un vain laurier donné par la Victoire,
De tous les biens fut le plus précieux!
Tout l'éclat dont brille la Gloire,
Vaut-il un regard de vos yeux?
Est-il un bien si charmant & si rare
Que celui dont l'Amour veut combler mon espoir?

ARMIDE.

La severe Raison & le devoir barbare
Sur les Heros n'ont que trop de pouvoir.

RENAUD.

J'en suis plus amoureux plus la Raison m'éclaire.
Vous aimer, belle Armide, est mon premier devoir,
Je fais ma gloire de vous plaire,
Et tout mon bonheur de vous voir.

ARMIDE.

Que sous d'aimables loix mon ame est asservie!

RENAUD.

Qu'il m'est doux de vous voir partager ma langueur?

ARMIDE.

Qu'il m'est doux d'enchaîner un si fameux vainqueur!

RENAUD.

Que mes fers sont dignes d'envie!

ENSEMBLE.

Aimons-nous, tout nous y convie.
Ah! Si vous aviez la rigueur
De m'ôter votre cœur,
Vous m'ôteriés la vie.

RENAUD.

Non, je perdrai plutôt le jour,
Que d'éteindre ma flamme.

ARMIDE.

Non, rien ne peut changer mon ame.

RENAUD.

Non, je perdrai plutôt le jour,
Que de me dégager d'un si charmant amour.

RENAUD, ET ARMIDE chantent les derniers vers qu'ils ont chantés séparément,

ENSEMBLE.

Non, je perdrai plutôt le jour,
Que d'éteindre ma flamme.
Non rien ne peut changer mon ame.
Non, je perdrai plutôt le jour,
Que de me dégager d'un si charmant amour.

ARMIDE.

Témoins de notre amour extrême ;
Vous, qui ſuivés mes loix dans ce ſejour heureux,
Juſques à mon retour, par d'agréables Jeux:
Ocupez le Heros que j'aime.

LES PLAISIRS, une Troupe d'Amans fortunés, et d'Amantes heureuſes, viennent divertir RENAUD par des chants & par des danſes.

SCENE II.

RENAUD, LES PLAISIRS.
Troupe d'Amans fortunés, et d'Amantes heureuſes.

UN AMANT FORTUNE', ET LES CHOEURS.

LEs Plaiſirs ont choiſi pour azile,
Ce ſéjour agréable & tranquile :
Que ces lieux ſont charmans,
Pour les heureux amans !

C'eſt l'Amour qui retient dans ſes chaînes,
Mille oiſeaux qu'en nos bois nuit & jour on entend:
Si l'Amour ne cauſoit que des peines,
Les oiſeaux amoureux ne chanteroient pas tant.

Jeunes cœurs, tout vous eſt favorable,
Profitez d'un bonheur peu durable:
Dans l'hyver de nos ans, l'Amour ne regne plus,
Les beaux jours que l'on perd ſont pour jamais perdus.

Les Plaiſirs ont choiſi pour azile
Ce ſéjour agréable & tranquile:
Que ces lieux ſont charmans,
Pour les heureux amans!

RENAUD.

Allez, éloignez-vous de moi,
Doux Plaiſirs, attendez qu'Armide vous ramène:
Sans la Beauté qui me tient ſous ſa loi,
Rien ne me plaît, tout augmente ma peine:
Allez, éloignez-vous de moi,
Doux Plaiſirs, attendez qu'Armide vous ramène.

LES PLAISIRS, les Amans fortunés, et les Amantes heureuſes ſe retirent.

SCENE III.

RENAUD, UBALDE.

LE CHEVALIER DANOIS.

UBALDE.

Il est seul; profitons d'un temps si précieux.

UBALDE présente le Bouclier de diamans aux yeux de RENAUD.

RENAUD.

Que vois-je! Quel éclat me vient frapper les yeux?

UBALDE.

Le Ciel veut vous faire connaître
L'erreur dont vos sens sont séduits.

RENAUD.

Ciel! Quelle honte de paraître,
Dans l'indigne état où je suis!

UBALDE.

Notre Général vous rappelle;
La Victoire vous garde une palme immortelle,
Tout doit presser votre retour.
De cent divers climats chacun court à la guerre;
Renaud seul, au bout de la terre,
Caché dans un charmant séjour,
Veut-il suivre un honteux amour?

RENAUD.

Vains Ornemens d'une indigne molesse ;
Ne m'offrez plus vos frivoles attraits :
Restes honteux de ma faiblesse,
Allez, quittez-moi pour jamais.

RENAUD arrache les guirlandes de fleurs & les autres ornemens inutiles dont il est paré. Il reçoit le Bouclier de diamans que lui donne UBALDE, & une Epée que lui présente le CHEVALIER DANOIS.

LE CHEVALIER DANOIS.

Dérobez-vous aux pleurs d'Armide :
C'est l'unique danger dont votre ame intrepide
A besoin de se garantir.
Dans ces lieux enchantez la Volupté préside,
Vous n'en sauriez trop-tôt sortir.

RENAUD.

Allons, hâtons-nous de partir.

SCENE VI.

ARMIDE, RENAUD, UBALDE,
LE CHEVALIER DANOIS.

ARMIDE, suivant RENAUD.

Renaud ! Ciel ! O mortelle peine !
Vous partez, Renaud ! Vous partez !
Démons, suivez ses pas, volez, et l'arrêtez.
Hélas ! Tout me trahit, et ma puissance est vaine !
Renaud ! Ciel ! O mortelle peine !
Mes cris ne sont pas écoutez !
Vous partez, Renaud ! Vous partez !

RENAUD s'arrête pour écouter ARMIDE, qui continue de lui parler.

Si je ne vous vois plus, croyez-vous que je vive?
Ai-je pû mériter un si cruel tourment ?
Au moins, comme ennemi, si ce n'est comme amant,
Emmenez Armide captive.
J'irai dans les combats, j'irai m'offrir aux coups
Qui seront destinez pour vous :
Renaud, pourvû que je vous suive,
Le sort le plus affreux me paraîtra trop doux.

RENAUD.

Armide, il eſt temps que j'évite
Le peril trop charmant que je trouve à vous voir.
La Gloire veut que je vous quitte,
Elle ordonne à l'Amour de céder au Devoir.
Si vous ſouffrez, vous pouvez croire
Que je m'éloigne à regret de vos yeux,
Vous regnerez toujours dans ma mémoire;
Vous ſerez après la Gloire,
Ce que j'aimerai le mieux.

ARMIDE.

Non, jamais de l'amour tu n'as ſenti le charme.
Tu te plais à cauſer de funeſtes malheurs.
Tu m'entens ſoûpirer, tu vois couler mes pleurs,
Sans me rendre un ſoûpir; ſans verſer une larme.
Par les nœuds les plus doux, je te conjure en vain;
Tu ſuis un fier devoir, tu veux qu'il nous ſépare.
Non, non, ton cœur n'a rien d'humain,
Le cœur d'un Tigre eſt moins barbare.

Je mourrai si tu pars, et tu n'en peux douter,
Ingrat, sans toi je ne puis vivre.
Mais après mon trépas, ne croi pas éviter
Mon Ombre obstinée à te suivre:
Tu la verras s'armer contre ton cœur sans foi,
Tu la trouveras inflexible
Comme tu l'as été pour moi;
Et sa fureur, s'il est possible,
Egalera l'amour dont j'ai brûlé pour toi. . . .

Ah! La lumiere m'est ravie!
Barbare, es-tu content?
Tu jouis, en partant,
Du plaisir de m'ôter la vie.

ARMIDE tombe, et s'évanouit.

RENAUD.

Trop malheureuse Armide, hélas!
Que ton destin est déplorable!

UBALDE ET LE CHEVALIER DANOIS.

Il faut partir hâtez vos pas;
La Gloire attend de vous un cœur inebranlable.

RENAUD.

Non, la Gloire n'ordonne pas
Qu'un grand cœur soit impitoyable.

UBALDE, ET LE CHEVALIER DANOIS,

Emmenant RENAUD, malgré lui.

Il faut vous arracher aux dangereux appas
D'un Objet trop aimable.

RENAUD.

Trop malheureuſe Armide, hélas!
Que ton deſtin eſt déplorable!

SCENE DERNIERE.

ARMIDE.

LE perfide Renaud me fuit ;
Tout perfide qu'il eſt , mon lâche cœur le ſuit.

Il me laiſſe mourante , il veut que je périſſe.
A regret je revois la clarté qui me luit ;
L'horreur de l'éternelle nuit
Céde à l'horreur de mon ſuplice.

Le perfide Renaud me fuit ;
Tout perfide qu'il eſt, mon lâche cœur le ſuit.

Quand le Barbare étoit en ma puiſſance ,
Que n'ai-je crû la Haine & la Vengeance !
Que n'ai-je ſuivi leurs tranſports !
Il m'échape, il s'éloigne , il va quitter ces bords ;
Il brave l'Enfer & ma rage ;
Il eſt déja près du rivage ,
Je fais pour m'y traîner d'inutiles efforts.

Traître, atten.. je le tiens .. je tiens ſon cœur perfide...
Ah! Je l'immole à ma fureur...

Que dis-je! Où ſuis-je! Hélas! infortunée Armide,
Où t'emporte une aveugle erreur?

L'eſpoir de la vengeance eſt le ſeul qui me reſte.
Fuyez, Plaiſirs, fuyez, perdez tous vos attraits.
Démons, détruiſez ce Palais.

Partons, et s'il ſe peut, que mon amour funeſte
Demeure enſeveli dans ces lieux pour jamais.

LES DE'MONS détruiſent le Palais enchanté.
ARMIDE part ſur un Char volant.

FIN.

www.ingramcontent.com/pod-product-compliance
Ingram Content Group UK Ltd.
Pitfield, Milton Keynes, MK11 3LW, UK
UKHW031945260826
14628UKWH00004B/1853

9 782329 307138